HISTOIRE & ACTUALITÉ

MARIE-ANTOINETTE

Le destin tragique d'une reine
dans la tourmente de la Révolution

Par Benoît-Joseph Pedretti

50MINUTES.fr

MARIE-ANTOINETTE

INTRODUCTION

Marie-Antoinette de Habsbourg-Lorraine, archiduchesse d'Autriche, est élevée à la cour de Vienne au milieu de ses 15 frères et sœurs. À 14 ans, elle épouse Louis, le petit-fils du roi Louis XV. Désormais dauphine, c'est une très jeune fille qui est lâchée sans précaution au beau milieu des intrigues de la cour de Versailles, où s'opposent d'innombrables clans rivaux. Devenue reine de France le 10 mai 1774, épouse d'un Louis XVI resté bonhomme et timide, elle mène une existence frivole, centrée sur le théâtre et le jeu, dans une insouciance totale, loin des affres de la politique. Victime de calomnie dans l'affaire du collier qui secoue la France en 1785-1786, elle ne prend pas garde à protéger son image publique, qui se ternit peu à peu.

Alors même que les États généraux menacent la monarchie, son deuxième enfant, le dauphin Louis-Joseph (1781-1789) meurt en juin, à l'âge de huit ans. Déboussolée et emportée dans la tourmente révolutionnaire, elle se débat au milieu d'événements dont elle ne prend pas la mesure. Assignée à résidence au palais des Tuileries dès 1790, elle s'en échappe avec le reste de la famille royale pour rejoindre Varennes. Arrêtée sur le chemin, elle est ramenée de force à Paris en juin 1791 et est incarcérée au Temple. Après l'exécution de Louis XVI le 21 janvier 1793, ses enfants lui sont enlevés. Marie-Antoinette est finalement conduite le 2 août à la prison de la Conciergerie pour attendre son jugement. Condamnée par le Tribunal révolutionnaire le 16 octobre 1793, elle est guillotinée le jour même.

Figure iconique de la cause royaliste, sublimée par l'historiographie romantique du XIXe siècle, elle reste toutefois une personnalité contestée, tantôt reléguée au rôle mineur de belle inconséquente, tantôt inspiratrice machiavélique de la contre-révolution.

DONNÉES CLÉS

- **Naissance ?** Le 2 novembre 1755 à Vienne.
- **Mort ?** Le 16 octobre 1793 à Paris.
- **Fonction ?** Reine de France de 1774 à 1791.
- **Apports majeurs ?**
  - Avant dernière-enfant de l'empereur François Ier (1708-1765) et de l'impératrice Marie-Thérèse (1717-1780), Marie-Antoinette devient, à 14 ans, un enjeu majeur dans le jeu des alliances diplomatiques européennes en cette fin de XVIIIe siècle. Sa mère, qui désire s'allier avec la France, la promet au jeune Louis (1754-1793), petit-fils du roi Louis XV (1710-1774), dauphin et donc héritier du trône de France. Les deux jeunes gens se marient le 19 avril 1770 d'abord par procuration en l'église des Augustins à Vienne, puis à Versailles le 16 mai 1770.
  - À la mort du roi le 10 mai 1774, la dauphine devient reine de France et de Navarre. Gaie et enjouée, elle anime autour d'elle une petite société brillante émaillée de quelques favoris. Tous mènent une vie luxueuse à Versailles, à Trianon ou encore au Hameau, au milieu des complots, des commérages et des intrigues de la Cour.

- Dès 1789 et pendant la Révolution française, elle cristallise les mécontentements autour d'une impopularité grandissante jusqu'à la fuite de la famille royale à Varennes, le 20 juin 1791, qui lui vaut de perdre tout crédit. Le 10 août 1792, le palais des Tuileries est pris d'assaut par les révolutionnaires, qui incarcèrent Marie-Antoinette au palais du Temple, qui devient une prison, puis à la Conciergerie jusqu'à son exécution. Elle est guillotinée sur la place de la Révolution à Paris, le 16 octobre 1793.
- Sa disparition prématurée à 38 ans, au cœur de la tourmente révolutionnaire, la propulse aux premiers rangs des personnages mythiques de l'histoire de France. Cible de critiques ou sujet de compassion, elle ouvre un débat controversé inépuisable.

LA VIE DE MARIE-ANTOINETTE

UNE JEUNE ARCHIDUCHESSE À VIENNE (1755-1770)

Marie-Antoinette est la 15e et avant-dernière enfant de François III de Lorraine, devenu empereur des Romains en 1745 sous le nom de François Ier, et de son épouse Marie-Thérèse, archiduchesse d'Autriche et héritière de l'immense domaine des Habsbourg. La jeune fille espiègle et étourdie se partage entre le palais de la Hofburg et le château de Schönbrunn à Vienne, au milieu de ses nombreux frères et sœurs, dans un luxe réduit et sans l'étiquette stricte et pesante des cours d'Espagne ou de France.

À la mort de François Ier, l'impératrice Marie-Thérèse, son épouse, décide de prendre en main le destin de ses enfants. Son fils aîné, le futur Joseph II (1741-1790) est destiné à devenir empereur et prend sa place auprès de sa mère. Elle choisit pour Marie-Antoinette une union bien supérieure à celle de ses autres enfants, la promettant à l'héritier du trône de France. C'est l'abbé de Vermond (1735-1806), docteur en Sorbonne, qui est choisi pour éduquer la future dauphine aux usages de Versailles. Il est impératif qu'elle parle le français, et sa mise devra être revue.

Au printemps 1770, elle est fin prête. Son mariage est célébré le 19 avril en l'église des Augustins à Vienne, par procuration, comme l'avait été celui du roi Louis XIV (1638-1715). Quelques jours plus tard, elle fait ses adieux à sa mère, et quitte la cour de Vienne où elle ne reviendra jamais. Elle n'a pas encore 15 ans et n'a jamais rencontré son époux.

UNE DAUPHINE À VERSAILLES (1770-1774)

Un cortège de 57 voitures et de 132 personnes s'ébranle donc de Vienne pour 24 jours de voyage à travers les États impériaux pour rejoindre la France. Il atteint Strasbourg le 7 mai 1770, puis la Lorraine, patrie des ancêtres paternels de Marie-Antoinette, récemment rattachée à la France, et la Champagne. Enfin, le roi Louis XV vient l'accueillir au pont de Berne en forêt de Compiègne, accompagné de son petit-fils qui lui donne un baiser timide sur la joue. Le 16 mai, elle fait son entrée à Versailles où elle épouse le dauphin. S'ensuivent des festivités somptueuses : un opéra de Lully (compositeur franco-italien, 1632-1687), un autre de Rameau (compositeur français, 1683-1764), des feux d'artifice féériques à Versailles ainsi qu'à Paris. Les réjouissances se poursuivent jusqu'à la mi-juillet.

| Célébration du mariage de Marie-Antoinette dans l'auditorium de l'opéra de Versailles, 1770.

Marie-Antoinette peine à s'habituer aux règles strictes de l'étiquette compassée de la Cour, qui bannit toute intimité. En outre, son mari la délaisse au profit de la chasse. Elle s'ennuie, prise au piège entre les clans qui s'affrontent à Versailles, tiraillée entre les partis du duc de Choiseul (1719-1785), principal ministre du roi, de Mesdames Tantes, les filles de Louis XV, ou de la favorite du roi, Mme Du Barry (1743-1793). Elle entretient une volumineuse correspondance avec sa mère, qui lui prodigue moult conseils de vie quotidienne et l'enjoint périodiquement de s'assurer les bonnes grâces de la favorite.

Le saviez-vous ?

La tradition veut que Marie-Antoinette, alors dauphine, ait introduit à la Cour dès 1770, une nouvelle pâtisserie en forme de petite corne symbolisant l'emblème des Ottomans lors de l'attaque de Vienne en 1683 : le croissant. Le nom « viennoiserie » s'est ensuite popularisé par sa vente à Paris dans la première boulangerie viennoise en 1837.

UNE REINE DE FRANCE (1774-1789)

Le 10 mai 1774, le roi Louis XV meurt. Marie-Antoinette devient *de facto* reine de France et de Navarre. Toutefois, aucun héritier n'est encore né : ses relations intimes avec Louis XVI sont difficiles, car le roi fait retarder la consommation du mariage qui n'est acté que sept ans après leur union. Les libelles orduriers vont bon train, prêtant à la reine toutes sortes de relations avec amants ou maîtresses.

Sa vie à la Cour se déroule dans une indolence et un ennui profond, qu'elle tente de combler en s'étourdissant : elle se partage entre le jeu, le théâtre, l'opéra, les bals masqués, les séjours dans les châteaux royaux et les toilettes, plus somptueuses les unes que les autres. Elle s'entoure également de favoris dévoués, comme la princesse de Lamballe (1749-1792), et recherche une certaine intimité, préférant aux soupers officiels les dîners en comité restreint au petit Trianon. Elle entreprend également l'aménagement, à l'extrémité du parc de Versailles, d'un petit village modèle, un hameau, où elle retrouve les charmes de la campagne. Sa recherche d'une vie plus simple lui vaut de plus en plus d'inimitiés de la Cour conservatrice.

| Le Hameau de la reine.

Son image publique se dégrade encore avec l'affaire du collier, victime pourtant d'une machination grossière de personnes peu scrupuleuses. Les chansons populaires la brocardent de plus en plus et elle souffre d'une certaine impopularité au sein de la monarchie.

UNE FEMME DANS LA TOURMENTE (1789-1793)

Dès la réunion des États généraux en mai 1789, elle devient la cible d'un mécontentement populaire grandissant. Lors des journées d'insurrection des 5 et 6 octobre, elle est emmenée de force de Versailles au Palais des Tuileries à Paris, où devra désormais séjourner la famille royale. Opposée à la nouvelle monarchie constituante, elle appelle à l'aide son frère Joseph II, devenu empereur, puis son successeur, son autre frère Léopold II (1747-1792). La situation ne s'améliorant guère, elle s'échappe de Paris avec sa famille pour rejoindre les régiments restés fidèles à la tête desquels se trouve Monsieur de Bouillé (1739-1800) le 20 juin 1791, mais est arrêtée deux jours plus tard à Varennes. Cette tentative de fuite et la déclaration de guerre à l'Autriche, le 3 août 1792, conduisent aux émeutes du 10 août. Ce jour-là, les Tuileries sont prises d'assaut, et la famille royale se réfugie aux Feuillants où siège l'Assemblée nationale, puis est incarcérée au palais du Temple qui devient une prison. Après que la Convention a voté la mort du roi, exécuté le 21 janvier 1793, la reine est emprisonnée à la Conciergerie et est à son tour mise en cause.

Le procès à charge, qui s'ouvre le 13 octobre 1793, lui vaut une condamnation rapide. Elle est guillotinée au matin du 16 octobre sur la place de la Révolution, l'actuelle place de la Concorde, tandis que la vindicte populaire s'acharne en vain à entamer une dignité qu'elle conservera jusqu'à la fin. Ses restes sont déposés dans une fosse creusée à cet effet, comme cela avait été fait le 21 janvier 1793 pour son époux. Il faudra attendre 1815 et le rétablissement de la royauté en France pour que le couple royal soit inhumé en la basilique Saint-Denis.

Le saviez-vous ?

Louis XVIII (1755-1824) édifie à l'emplacement de La Madeleine une chapelle expiatoire entre 1815 et 1826. Celle-ci se situe sur l'actuel square Louis-XVI. Il s'agit du seul lieu à porter le nom du dernier souverain de l'Ancien Régime à Paris.

CONTEXTE

LA FRANCE ET L'AUTRICHE DURANT LA SECONDE MOITIÉ DU XVIIIE SIÈCLE

Des puissances ennemies

En ce milieu du XVIIIe siècle, la France et l'Autriche entretiennent des relations particulièrement difficiles. À la mort de l'empereur Charles VI (1685-1740), et conformément au traité de la pragmatique sanction de 1713, les États héréditaires des Habsbourg reviennent à sa fille aînée Marie-Thérèse. S'ensuit une guerre de succession au trône : l'électeur de Bavière, Charles VII Albert (1697-1745), qui se porte candidat contre elle, est un sérieux prétendant. L'Angleterre et les Provinces-Unies apportent leur soutien à Marie-Thérèse, tandis que la Prusse de Frédéric II (1712-1786), qui souhaite s'emparer de la Silésie et de la France de Louis XV, supporte l'électeur de Bavière.

La France s'engage militairement sur terre contre l'Autriche et sur mer contre l'Angleterre. En 1748, elle sort du conflit sans aucun gain et grandement affaiblie. Pire encore, elle est trahie par son allié prusse, qui conclut une paix séparée et parvient à récupérer des territoires. Lorsque Marie-Thérèse monte sur le trône impérial, son époux devient lui aussi empereur. Mais s'il porte désormais ce titre, il n'a pourtant aucun pouvoir ; celui-ci reste aux mains de son épouse.

Le saviez-vous ?

Exaspéré du vaste gâchis de la guerre de succession d'Autriche, Voltaire (1694-1778) lança l'expression devenue proverbiale « travailler pour le roi de Prusse », qui signifie « travailler sans aucun profit ou pour le profit d'un tiers ».

La réconciliation dans la guerre

Bientôt, le roi Frédéric II, incarnant la puissance montante de la Prusse, exaspère tout le monde. L'Autriche, qui a dû lui céder à contrecœur la riche province de Silésie, souhaite la récupérer.

La France connaît pour sa part des tensions extrêmes avec l'Angleterre, liées à leurs possessions en Amérique du Nord. Quand la Prusse offre son soutien à l'Angleterre, un incroyable renversement des alliances s'ensuit : la France et l'Autriche partagent désormais des intérêts communs. Le conflit qui en découle est le plus important du XVIIIe siècle : il s'agit de la guerre de Sept Ans (1756-1763), au cours de laquelle les deux puissances s'opposent, côte à côte, à la Prusse et à l'Angleterre principalement.

Au sortir de l'affrontement, le traité de Paris (10 février 1763) consacre l'Angleterre comme puissance coloniale, et la Prusse comme puissance militaire. La France et l'Autriche en ressortent conjointement affaiblies. La première a perdu ses colonies d'Amérique du Nord et a épuisé ses troupes, la seconde a définitivement perdu la Silésie. Plus que jamais, les deux puissances ont besoin l'une de l'autre.

Conforter l'alliance franco-autrichienne

Marie-Thérèse, désormais impératrice en compagnie de son fils aîné Joseph empereur d'Autriche, veille à l'avenir de ses enfants en leur assurant des positions qui servent son double dessein diplomatique : conforter l'alliance avec la France et faire obstacle à la Prusse. Par les mariages de ses filles, elle multiplie les alliances croisées la rapprochant de la France : sa fille, Marie-Christine (1742-1798), épouse l'un des fils du roi de Pologne, Albert de Saxe-Teschen (1738-1822), à la fois voisin de la Prusse et frère de la dauphine de France ; Marie-Amélie (1746-1804) épouse le duc de Parme, Ferdinand Ier (1751-1802), petit-fils de Louis XV par sa mère ; et Marie-Caroline (1752-1814) épouse un autre Ferdinand Ier (1751-1814), roi de Naples, Bourbon par son père et cousin du futur Louis XVI par sa mère.

Hélas, le dauphin de France Louis-Ferdinand (1729-1765) meurt, suivi deux ans plus tard par la dauphine Marie-Josèphe de Saxe (1731-1767). Marie-Thérèse doit à nouveau conforter l'alliance française en s'attachant au nouveau dauphin, Louis. Elle lui propose alors un mariage avec sa fille Marie-Antoinette, une union particulièrement intéressante puisqu'elle assure à l'une de ses filles le titre de reine de France.

LA COUR

La douceur de Vienne

À Vienne, Marie-Antoinette est élevée dans une Cour simple, où les enfants impériaux sont éduqués loin de la foule. L'intimité du cadre familial y est ainsi préservée grâce à des pièces réservées au seul usage de l'empereur, de l'impératrice et de leurs 16 enfants. Le cérémonial adopté par la maison de Habsbourg en 1548 a été conservé et est strictement appliqué à la cour d'Espagne. En revanche, il ennuie François et Marie-Thérèse, qui entendent élever leur progéniture dans une certaine proximité. Les gouvernantes à qui les enfants sont confiés doivent ainsi rendre compte périodiquement à l'impératrice de leurs moindres faits et gestes. Les derniers-nés sont toutefois moins encadrés.

Mme de Brandeis, qui est chargée des plus petites, tombe rapidement sous le charme de Marie-Antoinette. Elle lui excuse tous ses caprices et fait même ses devoirs à sa place. Elle est donc rapidement remplacée par Mme de Lerchenfeld, réputée plus sévère. Ce changement s'avérait nécessaire. En effet, à dix ans passés, Marie-

Antoinette peine encore à lire et à écrire l'allemand, sa langue maternelle. Elle éprouve également quelques difficultés à apprendre les rudiments de langues étrangères comme le français ou l'italien, couramment parlés par ses frères et sœurs.

Le saviez-vous ?

Le 13 octobre 1762, un jeune prodige est introduit à la cour de Vienne, conduit par son père. Il s'agit d'un enfant d'un peu plus de six ans qui joue divinement du clavecin. Il donne un récital à la famille impériale dans le salon des glaces du château de Schönbrunn. À la fin du concert, il saute tout espiègle sur les genoux de l'impératrice qui l'embrasse. Puis, glissant sur le parquet, il est rattrapé par la jeune Marie-Antoinette, de deux mois son aînée. Pour la remercier, le petit garçon lui demande si elle accepterait de l'épouser. On ignore ce que répondit la jeune archiduchesse, mais le petit s'en retourne tout guilleret au bras de son père. Ce jeune garçon n'est autre que Wolfgang Amadeus Mozart (1756-1791).

La rigueur de Versailles

La cour de Versailles, où est introduite la jeune dauphine quelques années plus tard, est bien différente de celle qu'elle a connue jusque-là. L'étiquette y est pratiquée comme un art subtil, encore renforcée par Louis XIV quelques décennies auparavant. Le moindre faux pas s'y transforme en scandale, qui font et défont les réputations. Ainsi, le jour des noces de Marie-Antoinette, les princesses de Lorraine, parentes de la nouvelle dauphine, sont autorisées à danser avant les duchesses, ce qui horrifie la noblesse. *A contrario*, la Cour tolère, très hypocritement, la présence de la maîtresse royale en titre, qui mène un train de vie digne d'une reine.

Dès son arrivée, Marie-Antoinette se sent mal à l'aise dans cet univers compassé. Elle est manipulée par les principaux clans qui s'y entredéchirent : Mesdames Tantes, les filles de Louis XV, Adélaïde (1732-1800), Victoire (1733-1799) et Sophie (1734-1782), des vieilles filles rigoristes, la soutiennent. Elles lui apprennent à se méfier, voire à haïr la favorite du roi, à qui Marie-Antoinette refuse longtemps d'adresser la parole. Forcée par sa mère et l'ambassadeur d'Autriche, le comte Mercy d'Argenteau (1727-1794), elle finit un jour par lui lancer une simple phrase, le 1er janvier 1772 : « Il y a bien du monde à Versailles aujourd'hui. » La glace est rompue ; mais pour la dauphine, l'humiliation est considérable et, peu à peu, elle se détache de Mesdames Tantes.

Devenue reine, elle ne tente pas de modifier l'étiquette, préférant plutôt la fuir. Elle quitte, dès qu'elle le peut, le cérémonial de Versailles pour mener une vie plus intime au petit Trianon. Ce pavillon, construit par Louis XV pour sa favorite Mme de Pompadour (1721-1764), lui est offert par Louis XVI. Elle y passe des après-midi, soupe ou dîne avec ses favoris et ses invités du moment, sans se préoccuper du protocole. Faute de place, tous regagnent Versailles pour dormir, hormis la reine et quelques privilégiés. Au Hameau qu'elle s'est fait construire, Marie-Antoinette vit simplement vêtue, loin du faste de la Cour.

TEMPS FORTS

PORTRAIT

| Portrait de Marie-Antoinette peint par Mme Vigée-Lebrun.

Marie-Antoinette est de belle taille, assez jolie, mais avec une mâchoire sans doute légèrement proéminente, que sa portraitiste officielle, Mme Vigée-Lebrun (1755-1842), s'attellera toujours à gommer.

Lorsque ses relations intimes avec Louis XVI s'avèrent problématiques, les époux reçoivent de nombreux conseils, entre autres prodigués par le frère de Marie-Antoinette, Joseph. Celui-ci se rend même à Versailles dans ce but précis. L'enjeu est d'importance, car il faut assurer l'avenir de la dynastie. Toutefois, la rumeur s'empare du fait au seul discrédit de la reine, accusée d'avoir de nombreux amants. S'il est possible qu'elle ait entretenu une liaison avec le comte suédois Axel de Fersen (1755-1810), rien ne permet à ce jour de l'affirmer.

Le caractère de Marie-Antoinette est très marqué. Tout l'ennuie et il lui faut sans cesse se divertir par des bals, des pièces de théâtre, ou encore en participant à des jeux. Elle est également capricieuse et exige que ses désirs soient satisfaits sans attendre : sous ses ordres, tel appartement devra être redécoré au plus vite ou telle nouvelle toilette livrée dès la confection achevée, peu importe la dépense que cela nécessitera. Elle ne se différencie toutefois pas en cela des princesses de son temps, des reines, mais aussi des maîtresses royales qui ont eu des caprices bien plus extravagants et plus coûteux que les siens. En effet, si ses frasques financières lui ont été reprochées – on la surnommera plus tard Madame Déficit –, on sait aujourd'hui que les montants en jeu correspondaient au train de vie ordinaire de la Cour, dont les dépenses étaient tout à fait identiques, voire inférieures, à celles des règnes précédents.

Le théâtre et la musique sont ses divertissements de prédilection. Elle anime à Trianon un petit théâtre, où sont notamment données les pièces de Beaumarchais (écrivain français, 1732-1799), dont *Le Barbier de Séville*. Elle joue à l'occasion toutes sortes de rôles qui amusent ses familiers ainsi que Louis XVI. Elle invite à la Cour le compositeur allemand Christoph Willibald Gluck (1714-1787), son ancien professeur de musique à Vienne, et encourage également le Français André Grétry (1741-1813), qu'elle promeut directeur de sa musique particulière.

Le Hameau de Marie-Antoinette

Entre 1783 et 1786, elle fait construire près du petit Trianon un hameau composé d'une douzaine de chaumières, avec un jardin, une ferme, un colombier, un moulin, une grange et un verger, le tout bâti autour d'un étang. Ce petit univers champêtre et rustique est une véritable exploitation agricole, comportant une laiterie, une pêcherie et des animaux venus de Suisse. Pillé et abandonné pendant la Révolution française, le Hameau sera restauré par Napoléon Ier (1769-1821) dès 1810. Classé monument historique en 1862 et 1906, il bénéficie dans les années trente du mécénat de John Rockefeller Jr (1874-1960). Classé au patrimoine mondial de l'UNESCO en 1979, il est rouvert au public sous le nom de domaine de Marie-Antoinette depuis le 1er juillet 2006.

L'AFFAIRE DU COLLIER

L'affaire du collier résulte d'une vaste escroquerie montée par Jeanne de Valois-Saint-Rémy (1756-1791), comtesse de la Motte, son mari et l'un de leurs amis, Louis Rétaux de Villette (1759-

1797), un faussaire notoire. Ses deux victimes sont le cardinal Louis de Rohan (1734-1803), prince-évêque de Strasbourg, et la reine Marie-Antoinette, dont le nom sera éclaboussé à tort.

Quelques années auparavant, les joailliers avaient pris l'initiative de créer une parure avec de somptueux diamants. Ils tentent de le vendre à la Cour, mais la reine le refuse lors de sa présentation.

| Collier de la reine.

La comtesse de la Motte, devenue maîtresse de l'ingénu cardinal de Rohan, alors en disgrâce, le convainc d'acheter le collier à crédit pour Marie-Antoinette.

Le 28 décembre 1784, la comtesse de la Motte fait croire aux joailliers que le collier de 2 840 carats, d'un montant de 1,6 million de livres, soit environ 15 millions d'euros actuels, sera acheté par la reine sous le prête-nom du cardinal de Rohan. Celui-ci, confiant, s'exécute, s'imaginant déjà recevoir les faveurs de la reine. Pendant ce temps, la comtesse de la Motte se fait remettre le bijou, dont les pierres sont immédiatement desserties et revendues à Paris, à Bruxelles et à Londres.

Les joailliers, comme le cardinal, s'étonnent que la reine ne porte pas le collier, car il s'agit là de la plus extraordinaire parure jamais réalisée. Bœhmer, inquiet des paiements futurs, se rend même à Versailles. Lorsqu'elle apprend toute l'affaire, la reine tombe des nues, et Louis XVI est informé de l'escroquerie le 14 août 1785. Le cardinal de Rohan est aussitôt arrêté en pleine galerie des Glaces, devant toute la Cour. Le scandale est immense.

Un procès public s'ensuit devant le Parlement de Paris, qui acquitte, en mai 1786, le cardinal et condamne la comtesse de la Motte à la prison à vie, et son mari aux galères. Mais l'humiliation est considérable pour Marie-Antoinette. La publicité de l'affaire a jeté le discrédit sur la reine : l'opinion publique s'en mêle et d'aucuns continuent à la croire complice. Des libelles injurieux circulent. La rupture de confiance entre le peuple et Marie-Antoinette est en marche.

LA FUITE DE VARENNES

Après les journées révolutionnaires d'octobre 1789, la famille royale est quasiment assignée à résidence au palais des Tuileries à Paris. Chacun est placé sous la protection, mais aussi sous la surveillance, du général La Fayette (1757-1834), commandant de la garde nationale. Depuis lors, leurs proches évoquent l'idée de les mettre à l'abri hors de Paris, mais il faut attendre septembre 1790 pour que l'évêque de Pamiers propose un départ à l'étranger. Le plan est simple : par la route de Châlons, ils devront rejoindre la place forte de Montmédy où le marquis de Bouillé aura rassemblé une armée, disposée à prêter main-forte aux souverains. Dans une berline de voyage équipée pour six personnes et attelée par six chevaux, la famille royale voyagera sous de fausses identités. L'idée est de faire croire à tous que le convoi rassemble la baronne Korff, la veuve d'un officier russe, et ses enfants, qui souhaitent gagner Francfort. Celle-ci sera incarnée par la gouvernante des enfants de France, les enfants par le dauphin et sa sœur, la gouvernante des enfants par Marie-Antoinette, l'intendant de la baronne par Louis XVI, et sa dame de compagnie par la sœur de Louis XVI, Élisabeth de France (1764-1794).

Dans la nuit du 20 au 21 juin, aidée de Fersen, la famille royale quitte les Tuileries, pour se retrouver rue de l'Échelle, près du Louvre. Ils quittent ensuite Paris sans encombre. À sept heures, le valet de chambre du roi donne l'alerte, et La Fayette fait courir le bruit d'un enlèvement, tout en dépêchant des troupes dans toutes les directions pour les rattraper. La voiture a déjà passé Châlons en fin d'après-midi.

À 23 heures, la berline qui a atteint Varennes est arrêtée sur ordre de l'Assemblée. Marie-Antoinette y passe la nuit avant d'être reconduite sous bonne garde à Paris. Après trois jours de voyage et des haltes à Châlons et à Meaux, la famille royale traverse Paris dans l'après-midi du 25 juin, au milieu d'une foule silencieuse. À 22 heures, la rage populaire s'exprime quand le cortège atteint les Tuileries.

Malgré le testament politique laissé par Louis XVI avant son départ, dans lequel il accepte, ou feint d'accepter, la monarchie constitutionnelle, cette fuite est comprise par tous comme un abandon du peuple par son roi et comme son ralliement à des forces étrangères contre la France, soit comme un acte de haute trahison. Il s'agit là d'un tournant dans la Révolution, aux conséquences considérables : les tenants de l'abolition de la monarchie, jusqu'alors minoritaires, prennent le dessus, et Marie-Antoinette est accusée de pactiser avec l'ennemi ; elle n'est dès lors plus appelée que l'Autrichienne ou le monstre femelle.

Le syndrome de Marie-Antoinette

La légende veut qu'au lendemain de Varennes – et non la veille de son exécution comme beaucoup le disent –, ses cheveux aient entièrement blanchi. Le phénomène est aujourd'hui connu sous le nom de syndrome de Marie-Antoinette. Il est pourtant attesté bien avant. Le philosophe et homme politique anglais Thomas More (1478-1535) en aurait été victime la veille de son exécution. Dû à un stress extrême ou à un choc psychologique violent, ce syndrome est toujours en débat dans la communauté scientifique, mais reste à l'origine de l'expression populaire « se faire des cheveux blancs ».

| *Marie-Antoinette dans la prison du Temple*, tableau d'Alexander Kucharsky, 1793.

LE PROCÈS DE LA VEUVE CAPET

Plus de six mois après l'exécution de Louis XVI, la reine est enfermée à la prison de la Conciergerie le 2 août 1793. Séparée depuis plusieurs semaines de ses enfants et de la sœur du roi, elle est désormais seule, souffrant en outre d'un cancer, qui hâte son trépas. Pour les révolutionnaires au pouvoir, la monarchie ayant été abolie et le roi exécuté, Marie-Antoinette ne représente plus aucun intérêt sur le plan politique. Il faut donc en finir au plus vite avec elle.

Son procès s'ouvre le 13 octobre 1793 devant le Tribunal criminel extraordinaire, qu'on appellera bientôt Tribunal révolutionnaire, présidé par Martial Herman (1749-1795). L'accusateur public n'est autre que le très redoutable Fouquier-Tinville (1746-1795), connu pour sa férocité, son arbitraire et sa violence extrême à l'encontre de l'Ancien Régime. Marie-Antoinette représente donc pour lui une proie de choix. L'accusation est montée en toute hâte. Il y manque des pièces et son contenu est assez mince. On charge donc l'accusée de tous les griefs possibles.

La reine Marie-Antoinette devant le Tribunal révolutionnaire.

Marie-Antoinette, veuve de Louis Capet, est d'abord accusée de haute trahison. Elle aurait pactisé avec des puissances étrangères contre la France. On l'accuse ensuite d'être la première inspiratrice et instigatrice de la trahison de son époux. Enfin, elle est considérée comme à l'origine de tous les maux qu'a connus la France durant les dernières années, et est qualifiée d'« ennemie déclarée de la nation française ». Les témoins présentés sont tous à charge. Mais le pire reste à venir : le féroce Hébert (homme politique, 1757-1794), qui vient de prendre la tête des sans-culottes (les révolutionnaires), décide de faire témoigner le dauphin contre sa mère. Marie-Antoinette est alors accusée d'inceste. Outrée et sous le choc, elle ne répond d'abord rien. Face à un juré qui s'en étonne, elle finira par dire : « Si je n'ai pas répondu, c'est que la nature elle-même refuse de répondre à une telle accusation faite à une mère. J'en appelle à toutes celles qui peuvent se trouver ici ! » (*Minutes du procès*, 15 octobre 1793). Tous l'applaudissent, particulièrement les femmes.

Le jury la déclare finalement coupable pour intelligence avec l'ennemi, complot et conspiration contre la République. Elle est condamnée à mort sans appel, le 16 octobre 1793, et conduite le jour même, peu après midi, entravée dans une charrette – alors que Louis XVI avait bénéficié d'un carrosse – pour être guillotinée sur la place de la Révolution.

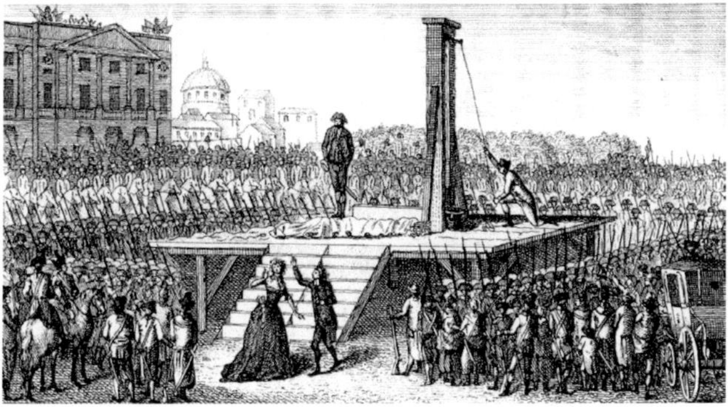

| Exécution de Marie-Antoinette, 1793.

RÉPERCUSSIONS

LA DESCENDANCE DE MARIE-ANTOINETTE

Marie-Antoinette de Lorraine-Habsbourg, reine de France, et ses enfants, tableau de Mme Vigée-Lebrun, 1787.

Marie-Antoinette est la mère de quatre enfants. Ils sont représentés près d'un berceau vide dans un célèbre tableau de Mme Vigée-Lebrun en 1787.

Son aînée, Marie-Thérèse-Charlotte (1778-1851), est l'enfant du miracle, après un mariage longtemps non consommé. Plus connue sous le nom de Madame Royale, elle sera la seule à survivre à la Révolution française. Restée emprisonnée au Temple après la mort de sa mère, elle est libérée le 19 décembre 1795. Elle est alors remise aux envoyés de l'Autriche à Bâle, en échange de la libération de prisonniers politiques français retenus en Autriche. Elle épouse en 1799 son cousin germain Louis-Antoine d'Artois (1775-1844), duc d'Angoulême et fils du futur Charles X (1757-1836). Symbole de la Restauration dès 1814, elle est brièvement reine de France durant 20 minutes, le 2 août 1830, avant la prise du pouvoir par Louis-Philippe (1773-1850). Sans enfant, elle cède ses droits au trône à son neveu Henri, comte de Chambord (1820-1883), et sera la grande animatrice du mouvement légitimiste jusqu'à sa mort en Autriche en 1851.

Le deuxième enfant de Marie-Antoinette, Louis-Joseph, est le dauphin tant attendu, l'héritier du trône des Bourbons. Intelligent, mais de santé fragile, il succombe à la tuberculose le 4 juin 1789, à huit ans, lors de la réunion des États généraux. Ni Marie-Antoinette ni le roi n'ont le temps de faire le deuil de leur petit garçon.

Louis-Charles (1785-1795), troisième enfant du couple, est devenu dauphin à la mort de son frère en 1789. Emprisonné avec ses parents au lendemain du 10 août 1792, il est éduqué par son père jusqu'à l'exécution de ce dernier, en janvier 1793. L'enfant, qui prend le nom de Louis XVII est l'espoir des royalistes. Il vit ensuite avec Marie-Antoinette jusqu'au 3 juillet 1793. Enlevé à celle-ci sur ordre du Comité de salut public, il est confié au savetier Simon (1736-1794) et à sa femme jusqu'en janvier 1794. Il est alors abandonné durant six mois dans un état de grande précarité. Atteint de tuberculose, il meurt en prison le 8 juin 1795. Très vite des rumeurs d'enlèvement ou de substitutions naissent, mais semblent aujourd'hui ne pas être fondées.

Le dernier enfant de Marie-Antoinette et de Louis XVI, Sophie-Béatrice, meurt quant à elle à 11 mois à Versailles. Elle est inhumée en la basilique Saint-Denis. Son décès laissera le couple royal très ébranlé.

RUPTURE ENTRE LA MONARCHIE ET LES FRANÇAIS

Le rôle joué par Marie-Antoinette dans la vie politique jusqu'en 1789, d'abord comme dauphine puis comme reine de France, est assez modeste. Ses interventions n'ont rien de calculé. À la différence de sa mère Marie-Thérèse, ce n'est pas une femme politique, et sa réflexion se concentre plus volontiers sur des sujets frivoles. En revanche, il est certain que, dès 1789, elle a tenté d'influer sur les événements afin d'en endiguer le cours, par une attitude moins souple que celle adoptée par Louis XVI, nourrissant le secret espoir que tout redeviendrait comme avant. Ainsi, elle incarne l'un des éléments qui conduiront à la rupture de confiance entre la monarchie et les Français, au moins en cette fin de XVIIIe siècle.

Toutefois, les réelles maladresses ou extravagances de Marie-Antoinette ont été largement amplifiées par ses erreurs de communication.

Au-delà de cela, c'est bien le développement de la presse et son utilisation d'événements *a posteriori* pour monter en épingle des faits anodins, qui contribueront largement à manipuler l'opinion publique. L'affaire du collier en est un parfait exemple. Au lieu d'être étouffée, l'affaire prend de l'ampleur avec l'arrestation publique du cardinal devant toute la Cour puis avec son procès au Parlement, au vu et au su du public. Cela contribue gravement à entacher la réputation de la reine, pourtant totalement innocente. Un autre exemple est incarné par son souhait de mener une vie plus simple au Hameau. Au lieu de jouer en sa faveur, tel un élément de rapprochement avec son peuple, le choix de Marie-Antoinette est vite considéré comme un coûteux caprice.

De même, la presse relaye-t-elle *a posteriori* comme des signes avant-coureurs, annonciateurs de catastrophes, le tremblement de terre de Lisbonne le 1er novembre 1755, soit la veille de la naissance de Marie-Antoinette, ou encore les victimes du feu d'artifice donné à Paris le 30 mai 1770 pour les festivités de son mariage avec Louis XVI.

Dans les faits, sa correspondance avec Mercy-Argenteau apporte sans le moindre doute la preuve de son souhait de revenir au plus tôt à une monarchie forte. En revanche, l'accusation d'avoir voulu réprimer les mouvements d'avril 1792 dans le sang des Parisiens est une fable colportée.

« Qu'ils mangent de la brioche ! »

L'historiographie républicaine de la fin du XIXe siècle, s'appuyant sur le livre VI des *Confessions* de Jean-Jacques Rousseau (écrivain et philosophe suisse, 1712-1778), a colporté de fausses boutades. Lors de l'insurrection d'octobre 1789, la reine, à qui l'on aurait dit que le peuple se révoltait car il n'avait plus de pain, aurait rétorqué : « S'ils n'ont pas de pain, qu'ils mangent de la brioche ! » Même au cours de son procès, les révolutionnaires n'accusent pas Marie-Antoinette d'une pareille cruauté.

MYTHE ET CONTROVERSE

Un double mythe se crée à sa mort. D'une part, les révolutionnaires de l'époque, puis les républicains du XIXe siècle, s'appuyant sur les diverses maladresses de la reine et ses prises de position durant les débuts de la Révolution, la dépeignent comme une furie sanguinaire, âme damnée de la contre-révolution. Le propos est encore accentué par les journaux, qui propagent l'idée. Le phénomène prend davantage d'ampleur durant la IIIe République, une fois la monarchie définitivement abolie en France.

D'autre part, un contre mythe se fait parallèlement jour. Les fervents défenseurs de la royauté, tant à l'intérieur qu'à l'extérieur du royaume, la considèrent comme une souveraine humiliée, qu'il est nécessaire de protéger contre des révolutionnaires sanguinaires. Ils ont poussé à l'extrême la dignité de la reine durant son procès et son exécution, afin de faire d'elle une martyre. La Restauration en 1815 n'hésitera pas à ourler cette trame jusqu'en 1830. De nos jours encore, les fidèles n'hésitent pas à se rendre le 16 octobre, jour anniversaire de sa mort, à la chapelle expiatoire élevée à Paris ou dans les jardins de Versailles, pour y déposer des fleurs.

Enfin, une frange plus minoritaire d'historiens n'hésite pas à la considérer comme une écervelée inconsistante, maladroite et frivole, entraînée malgré elle dans des événements qu'elle ne comprend pas.

Sans doute, la vérité niche-t-elle à la croisée de ces chemins.

EN RÉSUMÉ

1755

2 nov. : Naissance de Marie-Antoinette

1770

19 avril : Marie-Antoinette épouse Louis XVI par procuration

***16 mai* : Marie-Antoinette entre à la cour de Versailles**

1774

***10 mai* : Louis XVI et Marie-Antoinette montent sur le trône de France**

1785-1786

L'affaire du collier

1789

Mai : Les États généraux se réunissent

1791

***22 juin* : La famille royale, qui s'est enfuie, est arrêtée à Varennes**

1792

10 août : Les Tuileries sont assiégées et la famille royale enfermée au palais du Temple qui devient une prison

1793

***21 janv.* : Exécution de Louis XVI**

13 oct. : Ouverture du procès de Marie-Antoinette

***16 oct.* : Condamnation et exécution de Marie-Antoinette**

1815

Louis XVI et Marie-Antoinette sont inhumés en la basilique Saint-Denis

- Marie-Antoinette d'Autriche est l'une des filles de l'empereur François Ier et de son épouse l'impératrice Marie-Thérèse. Désireuse de renforcer l'alliance entre les Habsbourg et les Bourbons, sa mère obtient pour Marie-Antoinette la main de Louis, petit-fils et héritier du roi Louis XV. Cette dernière se marie avec le dauphin en avril-mai 1770 et est ainsi promise à devenir reine de France.

- La jeune dauphine se rend donc à Versailles à 14 ans. Durant quatre années, gaie et rose, elle anime un petit cercle en tentant de trouver sa place au milieu des clans rivaux qui, entre les filles de Louis XV et sa maîtresse Mme Du Barry, animent la Cour avec intrigues et fracas.
- Devenue reine de France et de Navarre le 10 mai 1774, elle trompe son ennui en amusements frivoles, mêlant jeu, théâtre et décoration intérieure, particulièrement au Petit Trianon, ainsi qu'au Hameau, ferme modèle qu'elle se fait construire ex nihilo.
- Éloignée du peuple, elle multiplie les maladresses, comme dans l'affaire du collier, qui entache son image publique.
- Emportée dans la tourmente révolutionnaire, Marie-Antoinette peine à influer sur le cours des événements, et son impopularité s'accroît. Après la tentative de fuite et l'arrestation à Varennes le 21 juin 1791, la presse révolutionnaire la prend systématiquement pour cible.
- La prise d'assaut du palais des Tuileries le 10 août 1792 la conduit au palais du Temple, puis, après l'exécution de Louis XVI, à la Conciergerie où elle restera jusqu'à son procès. Condamnée à mort, elle est guillotinée

à 38 ans le 16 octobre 1793 sur la place de la Révolution à Paris.

- Marie-Antoinette fait aujourd'hui encore l'objet d'un mythe controversé, oscillant à loisir entre une martyre de la Révolution et une despote criminelle. Quoi qu'il en soit, elle incarne un personnage de l'histoire de France qui ne laisse pas indifférent.

Votre avis nous intéresse !
Laissez un commentaire sur le site de votre librairie en ligne et partagez vos coups de cœur sur les réseaux sociaux !

POUR ALLER PLUS LOIN

SOURCES BIBLIOGRAPHIQUES

- BERTIÈRE (Simone), *Marie-Antoinette l'insoumise*, Paris, Éditions de Fallois, coll. « Les reines de France au temps des Bourbons », 2002.
- DE DECKER (Michel), *Marie-Antoinette : les dangereuses liaisons de la reine*, Paris, Belfond, coll. « La vie amoureuse », 2005.
- FAUVEAU (Jean-Claude), *Le prince Louis cardinal de Rohan-Guéméné ou les diamants du roi*, Paris, L'Harmattan, 2007.
- LEVER (Évelyne), *Marie-Antoinette : la dernière reine*, Paris, Gallimard, coll. « Découvertes », 2000.

SOURCES ICONOGRAPHIQUES

- Célébration du mariage de Marie-Antoinette dans l'auditorium de l'opéra de Versailles, 1770. La photo reproduite est réputée libre de droits.
- Le Hameau de la reine. La photo reproduite est réputée libre de droits.
- Portrait de Marie-Antoinette peint par Mme Vigée-Lebrun. La photo reproduite est réputée libre de droits.

- Collier de la reine. La photo reproduite est réputée libre de droits.
- *Marie-Antoinette dans la prison du Temple*, tableau d'Alexander Kucharsky, 1793. La photo reproduite est réputée libre de droits.
- La reine Marie-Antoinette devant le Tribunal révolutionnaire. La photo reproduite est réputée libre de droits.
- Exécution de Marie-Antoinette, 1793. La photo reproduite est réputée libre de droits.
- *Marie-Antoinette de Lorraine-Habsbourg, reine de France, et ses enfants*, tableau de Mme Vigée-Lebrun, 1787. La photo reproduite est réputée libre de droits.

FILMOGRAPHIE ET DOCUMENTAIRE

- *Si Versailles m'était conté...*, film de Sacha Guitry, avec Lana Marconi, France, 1953.
- *Le Chevalier de Maison-Rouge*, téléfilm de Claude Barma, avec Annie Decaux et Jean Dessailly, France, 1963.
- *La Nuit de Varennes*, film d'Ettore Scola, avec Jean-Louis Barrault, Marcello Mastroianni, Michel Piccoli, France, Italie, 1982.
- *La Révolution française*, film de Robert Enrico et Richard Heffron, avec Jane Seymour et Jean-François Balmer, France, Allemagne, Italie, 1989.

- *Marie-Antoinette*, film de Sofia Coppola, avec Kirsten Dunst, États-Unis, 2006.
- *Marie-Antoinette intime*, documentaire, série *Secrets d'histoire*, France, novembre 2013.

www.50minutes.fr

ISBN ebook : 978-2-8062-7164-8
ISBN papier : 978-2-8062-7165-5
Dépôt légal : D/2015/12603/512
Photo de couverture : *Marie Antoinette* © Domaine public

Conception numérique : Primento,
le partenaire numérique des éditeurs